COMMUNAUTÉ. — RÉCOMPENSES.

PAR

E. RIPERT

AGRÉGÉ PRÈS LA FACULTÉ DE DROIT DE RENNES.

Extrait de la REVUE CRITIQUE DE LÉGISLATION ET DE JURISPRUDENCE.

PARIS

A. COTILLON ET Cᵉ, IMPRIMEURS-ÉDITEURS,

Libraires du Conseil d'État

24, RUE SOUFFLOT, 24.

1880

COMMUNAUTÉ. — RÉCOMPENSES.

COMMUNAUTÉ. — RÉCOMPENSES.

PAR

E. RIPERT

AGRÉGÉ PRÈS LA FACULTÉ DE DROIT DE RENNES.

Extrait de la REVUE CRITIQUE DE LÉGISLATION ET DE JURISPRUDENCE.

PARIS

A. COTILLON ET Cᵉ, IMPRIMEURS-ÉDITEURS,

Libraires du Conseil d'État

24, RUE SOUFFLOT, 24.

—

1880

COMMUNAUTÉ. — RÉCOMPENSES.

1. Les deux arrêts que nous nous proposons d'analyser tranchent en sens inverse une question bien connue, mais toujours controversée et d'ailleurs fort délicate, qui se pose sous le régime de communauté : celle de savoir comment doivent se calculer les récompenses dues par les époux à la communauté.

Précisons tout d'abord l'hypothèse dans laquelle sont intervenus nos arrêts, et qui est celle où la question se présente le plus fréquemment en pratique.

Des époux sont mariés sous le régime de communauté. L'un d'eux fait faire sur l'un de ses immeubles propres, avec l'argent de la communauté, des travaux rentrant dans la classe des dépenses utiles. Il se trouve que la plus-value procurée à l'immeuble au jour de la dissolution de la communauté est inférieure à la somme dépensée. Quelle sera la quotité de l'indemnité due au fonds commun ? Sera-t-elle de toute la somme dépensée, partant égale à l'appauvrissement que la communauté a souffert ? Sera-t-elle seulement de la plus-value procurée à l'immeuble, c'est-à-dire égale à l'enrichissement que l'époux a réalisé ?

2. Cette question, il faut le remarquer, peut se poser au point de vue théorique, toutes les fois qu'une récompense est due par l'un des époux à la communauté. Mais elle n'offre pas d'intérêt pratique, lorsque l'opération faite par l'époux lui a procuré un bénéfice égal ou supérieur à la somme tirée de la communauté. En ce cas, quel que soit le parti que l'on prenne sur la difficulté, il est certain que la récompense atteint, sans le dépasser jamais, le chiffre de la dépense. Ainsi, si les travaux exécutés sur l'immeuble de l'un des époux étaient des impenses nécessaires, comme ces travaux auraient eu pour résultat de conserver l'immeuble, récompense serait due de toute la somme déboursée, au moins en tant que cette somme n'excèderait pas la valeur totale de

1

l'immeuble [1]. Pour que la question puisse être utilement débattue, il faut, comme dans les espèces tranchées par nos arrêts, qu'il y ait eu un écart plus ou moins sensible entre la dépense faite et le bénéfice réalisé. Quelle sera alors la mesure de la récompense ?

3. La question dans notre ancien droit n'avait pas fait sérieusement difficulté.

Quelques auteurs, il est vrai, la présentaient comme pouvant faire naître des doutes.

« On se demande, disait Lebrun, sur quel pied les améliora-
« tions doivent être estimées, ou sur le pied de ce qu'elles ont
« coûté, ou sur le pied de l'augmentation du prix de l'héritage
« lors de la dissolution de communauté [2]. »

Mais ils se hâtaient d'ajouter qu'à leur sens récompense n'était due que jusqu'à concurrence de la plus-value, et, sans même prendre la peine de motiver très-fortement leur solution, ils insistaient sur ce seul point que la plus-value devait s'apprécier non pas au moment de l'achèvement des travaux, mais à l'époque de la dissolution de la communauté.

La plupart d'ailleurs allaient plus loin ; ils affirmaient comme certaine la solution qui paraissait à Lebrun susceptible de controverse, et décidaient sans débats que la récompense devait se limiter à la plus-value. Parmi eux je citerai surtout Pothier [3].

Pothier, posant les principes généraux sur les récompenses dues à la communauté, présentait comme règle incontestée que la récompense n'atteindrait pas toujours ni ce que l'opération avait coûté à la communauté, ni le profit qu'elle avait procuré à l'époux ; qu'elle serait égale à celle de ces deux valeurs qui serait la moindre [4].

[1] En ce sens, Cass., 9 nov. 1864, Sir., 1865, 1. 49.

[2] *Traité de la communauté*, liv. III, ch. II, sect. I, dist. 7, n° 15.

[3] V. aussi Renusson, *Traité de la communauté*, 2me partie, ch. III, n° 11, dans son *Traité des propres* (chap. IV, sect. XI, n° 4), il présente la question comme douteuse ; ici il la tranche sans débats ; V. pareillement Dumoulin, *sur la Coutume de Montargis*, ch. VIII, art. 12, dont Lebrun et Renusson invoquent l'autorité.

[4] *Traité de la communauté*, n° 613. Voici en quels termes Pothier formule la règle :

... DEUXIÈME PRINCIPE : *La récompense n'est pas toujours de ce qu'il en a*

Et, faisant lui-même l'application de cette règle à notre hypothèse, il restreignait la récompense à la plus-value que les réparations auraient procurée à l'immeuble [1].

J'ajoute que cette solution avait été expressément consacrée par la coutume de Bourbonnais. L'art. 272 de cette coutume décidait qu'on fixerait la récompense, en estimant la valeur de la construction au jour de la dissolution de la communauté [2].

4. Aujourd'hui ce point n'ayant pas été tranché au moins formellement par les textes, des hésitations se sont produites en jurisprudence et en doctrine, et une opinion nouvelle s'est formée, d'après laquelle la récompense devrait dans tous les cas procurer à la communauté le remboursement intégral de ce qu'elle a payé [3].

La Cour de cassation, dans l'arrêt que nous nous proposons d'analyser, répudie formellement ce système, et, revenant aux idées de Pothier, décide que la récompense ne saurait excéder l'enrichissement procuré à l'époux [4].

coûté à la communauté pour l'affaire particulière de l'un des conjoints ; ELLE N'EST DUE QUE JUSQU'A CONCURRENCE DE CE QU'IL A PROFITÉ.

TROISIÈME PRINCIPE : *La récompense n'excède pas ce qu'il en a coûté à la communauté, quelque grand qu'ait été le profit que le conjoint ait retiré.*

[1] Même traité, n° 636.

[2] Voici le texte de la Coutume :

Art. 271 : — Si aucunes personnes sont communes en biens meubles et conquets, et l'un bastit et édifie de nouvel en son héritage ou en celuy de l'un desdits communs, durant ladite communauté, ledit édifice demeurera à celuy à qui est le fonds et n'y ont rien les autres communs.

Art. 272 : — Toutefois *ledit édifice est estimé selon la valeur d'iceluy au temps de la communauté dissolue* et celuy à qui est le fonds est tenu d'en rembourser son dit personnier *pro rata.*

La Coutume de Bretagne plus sévère n'accordait récompense que pour la valeur des matériaux employés, non pour la main d'œuvre. (art. 603 de la Coutume réformée.)

[3] Dans le sens de cette opinion : Proudhon, *Traité de l'usufruit,* t. 5, n° 2661 ; — Bugnet sur Pothier, t. 7, n° 326 ; — Pont et Rodière, *Contrat de mariage,* t. II, n° 260 et s. ; — Marcadé sur l'art. 1437, n° 2 ; Laurent, *Principes de droit civil,* n° 478 et s., t. 22 ; Paris, 6 août 1872, Sir. 72, 2, 175.

[4] Dans le même sens, Merlin, *Rép.,* V° RÉCOMPENSE, sect. I, § 4, n° 2 ; — Toullier, t. 13, n° 169 ;—Delvincourt, t. 3, n° 279 ;—Duranton, t. 14, n° 378. —*Odier,* t. 1, n° 352 ;—Glandaz, *Encyclopédie,* V° COMMUNAUTÉ, n°s 274 et 282;

Essayons de prouver que cette décision est la plus conforme aux principes, sauf à réfuter ensuite les arguments présentés en faveur du système inverse, et dont l'arrêt de la Cour de Limoges ne nous donne qu'un résumé incomplet.

5. La théorie des récompenses, tout le monde le sait, a été établie pour prévenir les donations entre époux.

Dans le premier état de notre ancien droit, avant la réformation de la coutume de Paris, il n'y avait jamais lieu à récompense, ni au profit, ni au détriment de la communauté. Le prix même des propres aliénés durant le mariage, tombait définitivement dans le fonds commun, à moins qu'il n'eût été stipulé expressément, soit dans le contrat de mariage, soit dans l'acte d'aliénation, que l'époux propriétaire pourrait en exiger le remploi [1]. Mais on ne tarda pas à s'apercevoir que cette pratique tendait à favoriser les donations entre époux prohibées par la majorité des coutumes, que c'était, comme dit Pothier [2], « une voie ouverte aux conjoints de s'avantager » ; aussi lors de la réformation de la coutume de Paris en 1580 « pour empêcher ces avantages » on introduisit un article [3] portant que dans ce cas spécial récompense serait due même en dehors de toute convention formelle. Cette disposition, reproduite par diverses coutumes [4], devint le point de départ de la théorie des récompenses. Il fut admis qu'il y aurait lieu à récompense pour tout avantage acquis à la communauté aux dépens des propres de l'un des époux, ou au patrimoine personnel des époux au détriment de la communauté.

— Troplong, 2, nos 1193 et 1194 ; — Colmet de Santerre, t. 6, no 84 *bis* 4º et 5º —Aubry et Rau, 4e édit., t. 5, p. 367 et 368, § 511 *bis*, texte et note 5 ; Douai, 16 juillet 1853, Sir. 53. 2. 577 ; Metz, 24 déc. 1869, Sir. 70. 2. 155 ; Paris, 21 juillet 1871, Sir. 72. 2. 301. — Une opinion intermédiaire limite la récompense à la plus-value, lorsque les travaux ont été faits par le mari sur un propre de la femme, sans le consentement de celle-ci. On exige dans tous les autres cas le remboursement de la dépense. Cette opinion, que condamnait déjà Lebrun (*loc. sua cit.*), me paraît, sans en avoir les avantages, mériter les mêmes critiques que le système absolu condamné par la Cour de cassation.

[1] Pothier, *Traité de la communauté*, no 585.

[2] *Eod.*

[3] Art. 232.

[4] Orléans, art. 192 ; Bretagne, art. 438-440.

De là il suit que toute récompense doit être rigoureusement égale au montant de la donation qu'elle est destinée à prévenir. Pour savoir quelle est la quotité d'une récompense, il n'y a à se demander ni quelle est la perte éprouvée par celui auquel elle est due, ni quel est le profit retiré par celui qui la doit ; il n'y a qu'à rechercher la valeur qui serait transportée d'un patrimoine à l'autre, au jour de la dissolution de la communauté, s'il n'y avait pas récompense. Comme on l'a dit, avec beaucoup de justesse dans l'expression, le principe de la récompense en indique la mesure [1]. Dès lors, il est clair que dans notre hypothèse la récompense ne peut excéder la plus-value procurée à l'immeuble de l'époux ; car c'est cette valeur seule, et non pas la somme dépensée, qui a été transportée du patrimoine commun dans le patrimoine personnel du conjoint.

Il est vrai, et c'est là l'objection possible, que la théorie des récompenses n'a plus aujourd'hui le même fondement que dans l'ancien droit ; qu'elle n'est plus destinée à sanctionner la prohibition des donations entre époux, puisque cette prohibition n'a pas été reproduite par notre Code. Mais il n'en reste pas moins qu'elle a encore pour but d'éviter les libéralités entre conjoints. On n'a pas voulu que les époux pussent se faire, d'une manière indirecte, des donations échappant au principe de révocabilité établi par l'art. 1096, C. civ.

6. Les partisans de l'opinion adverse semblent avoir compris ce que cet argument, qui n'est pas toujours suffisamment mis en relief, avait de décisif pour la solution de notre question. Aussi, ils ont essayé d'y faire deux réponses, dont la dernière est indiquée, quoique un peu confusément, dans l'arrêt de la Cour de Limoges.

Ils ont d'abord soutenu, d'une manière absolue, que les récompenses ne sont pas destinées à empêcher les donations entre conjoints, qu'elles ont pour but d'indemniser soit la communauté, soit l'époux, de l'appauvrissement qu'il a souffert. D'où cette conséquence qu'elles doivent dans tous les cas procurer une indemnité complète.

[1] Aubry et Rau, *loc. supr. cit.*

7. Cette première manière de raisonner n'est certainement pas fondée.

Historiquement, elle est contredite par tout ce que nous savons sur les origines de la théorie des récompenses, et les précédents historiques ont ici d'autant plus de valeur, que notre Code, en général, s'est tenu, en matière de communauté, à la doctrine de l'ancien droit.

De plus, au point de vue des textes, elle est contredite par l'article 1436. Cet article prévoit le cas où un propre de l'un des époux viendrait à être aliéné pendant la communauté, et il décide que si le prix a été versé dans le fonds commun, la récompense due sera, non pas de la valeur réelle de l'immeuble, mais du montant de ce prix ; ce qui prouve bien que la mesure de la récompense n'est pas toujours l'appauvrissement que l'opération fait éprouver au patrimoine créancier, mais quelquefois l'enrichissement qui en résulte pour le patrimoine débiteur.

8. A défaut de cet argument, les adversaires de notre système ont invoqué une autre considération. Ils ont dit que, même si on regardait les récompenses comme destinées à empêcher les libéralités entre conjoints, il faudrait encore conclure que la récompense dans notre hypothèse doit être égale au montant intégral de la dépense. En effet, voici d'après eux comment devrait être analysée l'opération intervenue entre la communauté et l'époüx. L'époux serait censé avoir reçu à titre de libéralité toute la somme déboursée et l'avoir ensuite employée sur son immeuble à ses risques et périls. Par suite, obligé de restituer le bénéfice de cette donation, il devrait tenir compte de la totalité de la dépense.

Pour rendre l'argument encore plus saillant, beaucoup d'auteurs, et après eux l'arrêt de la Cour de Limoges, l'ont présenté sous une autre forme. La communauté et l'époux, ont-ils dit, doivent être considérés comme étant dans des relations de prêteur à emprunteur. L'époux qui emploie des deniers de la communauté dans un intérêt personnel, fait en réalité un emprunt à la bourse commune, et, comme un emprunteur ordinaire, il doit, quel que soit le résultat de l'opération, restituer toute la somme empruntée.

9. Cette manière de raisonner, sous quelque forme qu'on la présente, me paraît en contradiction avec les principes essentiels du régime de communauté. Selon moi il n'est pas permis de décomposer, comme on le fait, l'opération intervenue entre la communauté et l'époux, d'y voir d'abord une donation ou un emprunt de la somme nécessaire à l'exécution des travaux, puis un emploi de cette somme fait aux risques et périls du donataire ou de l'emprunteur. Ce qui est donné ou emprunté, en d'autres termes, la valeur transportée du patrimoine commun dans le patrimoine personnel du conjoint, me paraît être non pas toute la somme dépensée mais seulement la plus-value procurée à l'immeuble. Et la raison en est simple. Sous le régime de communauté, par suite des règles du quasi-usufruit, aucun des époux ne saurait avoir à titre de propre une somme d'argent. Si l'un d'eux se réserve au jour du mariage, ou acquiert plus tard à titre de propre, une somme d'argent, ou d'une manière plus générale une chose qui se consomme par le premier usage, cette somme ou cette chose, étant soumise au quasi-usufruit de la communauté, tombe immédiatement dans le fonds commun. On ne saurait donc imaginer, dans notre espèce, pour le réglement de la récompense, une donation ou un emprunt transportant de la communauté à l'époux une somme d'argent, car c'est là une hypothèse irréalisable, inconciliable avec les principes les plus essentiels de la communauté.

La vérité est que les faits doivent être analysés d'une tout autre manière. La communauté ne donne point à l'époux une somme pour que celui-ci en fasse à ses risques et périls l'usage qu'il jugera convenable. Elle emploie cette somme à son propre compte, et ne transmet à l'époux que la valeur créée en échange. D'où cette conclusion que c'est elle, et non pas l'époux, qui doit supporter la perte résultant de l'opération.

10. Et si on vient nous dire que rien ne prouve que cette manière de voir soit exacte, je répondrai : ce qui le prouve, c'est qu'elle est tout à fait conforme aux principes de la communauté.

Sous le régime de communauté, toute opération faite soit par le mari seul, soit par la femme autorisée du mari, est pour le compte du patrimoine commun. Qu'elle soit bonne ou mauvaise, qu'elle constitue un acte de sage administration ou de folle dissipation, peu importe ; la communauté ne doit pas moins dans tous les cas en subir les résultats. Il n'y a d'exception à faire que pour les délits du mari [1], et encore, quoique le point soit controversé, seulement pour les amendes résultant de ces délits[2]. Il ne faut donc point s'étonner que dans notre hypothèse la communauté supporte la perte résultant de la différence entre le coût des travaux et la plus-value procurée à l'immeuble. Le mari aurait pu, sans encourir aucune responsabilité, dissiper toute la somme déboursée. En fait, il n'en a dissipé qu'une partie, puisqu'il a acquis à la communauté une créance contre lui jusqu'à concurrence de la plus-value. La communauté, qui aurait dû supporter sans indemnité la perte totale, doit pareillement subir la perte partielle [3].

11. Ici cependant on nous arrête : sans doute, nous dit-on, le mari, comme chef de la communauté, peut dissiper les biens communs ; mais ceci n'est vrai qu'autant qu'il n'agit point dans son intérêt personnel. Dès qu'un de ses actes concerne son propre patrimoine, la perte qui en résulte doit être, non pas pour le compte de la communauté, mais pour son compte personnel. Et l'on fait remarquer que cette règle, si elle n'est pas écrite expressément dans la loi, est du moins éminemment raisonnable.

Il n'y a pas d'inconvénient en thèse générale à permettre au mari de dissiper les biens de la communauté, parce que l'intérêt qu'il a, comme membre de l'association conjugale, à la prospérité du fonds commun, est un sûr garant de sa bonne administration ; mais là où cet intérêt est primé par un autre plus personnel, par l'intérêt de son propre patrimoine, il y aurait évidemment danger à lui conserver ce droit absolu de disposition.

12. L'objection, il faut bien le reconnaître, contient une part de vérité.

Il est incontestable que lorsqu'un administrateur est personnellement intéressé à ce que sa gestion donne de bons résultats, on

---

[1] Art. 1424, C. civ.

[2] Cass., 9 déc. 1874, Sir., 75, 1, 113.

[3] C'était déjà le raisonnement de Lebrun, *loc. supr. cit.* Lebrun faisait remarquer que l'opération ayant eu lieu du temps de la communauté, la perte ou le profit devait être pour celle-ci.

peut sans danger ou étendre ses pouvoirs, ou diminuer sa responsabilité ; la loi elle-même a eu l'occasion de faire l'application de cette idée [1].

En sens inverse, il est non moins certain qu'il est extrêmement périlleux de placer un administrateur entre son intérêt et son devoir, et en particulier que si l'on permet au mari de spéculer sur les biens de la communauté, les droits de la femme pourront se trouver très-gravement compromis.

Aussi on comprendrait fort bien, en théorie, que la loi eût étendu à la matière de la communauté ce principe vrai pour les sociétés ordinaires que chaque associé doit veiller à l'intérêt social comme au sien propre [2], et qu'elle eût fait une obligation au mari de ne jamais sacrifier le bien de la communauté à l'amélioration de son propre patrimoine.

Mais si l'objection n'est pas déraisonnable en elle-même, il s'en faut de beaucoup qu'elle soit juridiquement fondée. La limitation que l'on propose d'apporter aux pouvoirs du mari n'avait jamais été admise dans notre ancien droit. Seigneur et maître de la communauté, le mari pouvait disposer comme il l'entendait des biens communs, et la seule restriction qui fut apportée à ses pouvoirs, était précisément, s'il réalisait un bénéfice, de tenir compte à la communauté de l'avantage perçu. Or rien n'indique que notre Code ait entendu sur ce point se montrer plus sévère que l'ancien droit. L'art. 1437 a été voté tel qu'il avait été originairement proposé et sans qu'aucune observation ait été produite. Nous ne sommes donc pas autorisés à suppléer une décision, désirable peut-être en équité, mais qui est manifestement contraire aux pouvoirs traditionnels du mari sous le régime de la communauté.

13. Il reste donc démontré qu'au point de vue des principes aucune récompense due par l'un des époux à la communauté ne saurait dépasser le montant du profit réalisé par cet époux.

---

[1] Art. 804 C. civ. C'est le même motif qui avait déterminé le droit romain à limiter la responsabilité de l'associé et du copropriétaire par indivis, Inst., Liv. III, tit. XXV, *de societate*, § 9; L. 25, § 16, D. *fam. ercisc.*
[2] Art. 1848-1849, C. civ.

Recherchons maintenant si notre conclusion n'est pas contrariée par les textes.

Les articles qui paraissent contraires à notre manière de voir sont au nombre de trois.

Je n'insisterai pas sur le premier, l'art. 1437. La signification de ce texte prête en effet à controverse. Interprété dans son sens grammatical, il exige le remboursement à la communauté de toute somme qui y est puisée dans l'intérêt personnel de l'un des époux. Mais pris dans sa signification la plus naturelle, celle qui se présente la première à l'esprit, il n'oblige les époux à tenir compte à la communauté que du profit qu'ils ont retiré de ses biens.

14. Un texte, en apparence plus décisif, et sur lequel les adversaires de notre système insistent davantage ; est l'art. 1408.

Voici l'hypothèse sur laquelle statue ce texte.

L'un des époux était au jour du mariage propriétaire par indivis d'un immeuble. Il se rend, durant la communauté, acquéreur ou adjudicataire de la part de propriété qui lui manquait. L'article décide que la part ainsi acquise lui sera propre, tout comme celle dont il était propriétaire auparavant, et cela par dérogation à la règle d'après laquelle tous les immeubles acquis pendant la durée de la société conjugale sont des conquêts de communauté. Puis, prévoyant le cas où le prix de cette acquisition aurait été payé avec des deniers communs, il déclare qu'il sera dû récompense à la communauté de la somme déboursée ; *de la somme déboursée* et non pas de la valeur réelle de l'acquisition, ce qui prouve bien, disent les adversaires de notre système, qu'aux yeux de la loi la mesure de la récompense n'est point l'enrichissement de l'époux, mais l'appauvrissement de la communauté.

15. Je ne ferai pas de difficulté pour reconnaître que ce texte pris à la lettre est, en effet, contraire à la doctrine que je défends. Il est clair que pour être conséquent avec les principes tels que nous venons de les poser, l'art. 1408 aurait dû obliger l'époux à tenir compte au fonds commun seulement de la valeur de l'immeuble à la dissolution de la communauté. Mais je ne crois pas

néanmoins que ce texte soit assez décisif pour ébranler notre solution, et j'en donnerai deux motifs.

D'abord l'article 1408, dans la pensée de ses auteurs, n'a point
eu pour but de trancher la question qui nous occupe. Son objet
n'a été ni de fixer le chiffre de la récompense ni même de décla-
rer la récompense nécessaire, mais uniquement de décider que
l'immeuble serait propre, bien qu'il ait été acquis durant le mariage. Il n'y a donc pas lieu d'attacher une trop grande impor-
tance aux termes dans lesquels il formule une proposition simple-
ment incidente, et qui n'a pas dû attirer l'attention de ses auteurs.

En outre, la meilleure preuve que notre article n'est pas inconciliable avec les principes tels que je les ai exposés, c'est qu'il a
été littéralement copié dans Pothier. Pothier enseignait, comme
nous l'indiquions plus haut, qu'une récompense due à la communauté ne pouvait jamais excéder l'enrichissement procuré à
l'époux débiteur, et cependant, prévoyant l'hypothèse de l'article 1408, il disait, lui aussi, qu'il serait dû récompense *des sommes
tirées de la communauté pour payer le prix* [1].

J'ajoute d'ailleurs que cette contradiction traditionnelle n'a
rien qui doive étonner. Vraisemblablement Pothier, et après lui
les rédacteurs du Code, sont partis de cette idée que l'acquisition
se fera à de bonnes conditions et que la valeur de l'immeuble ne
sera pas inférieure au prix.

16. Enfin contre notre doctrine on pourrait faire valoir encore
un argument d'analogie tiré de l'article 1436.

D'après ce texte, lorsqu'un immeuble propre à l'un des époux
a été vendu durant la communauté, et que le prix a été versé
dans la masse commune, la communauté doit, à titre de récompense, la totalité de ce prix. Quel que soit l'enrichissement qu'elle
ait réalisé, lors même qu'elle ne serait pas enrichie, elle est tenue
de restituer intégralement ce qu'elle a reçu, de telle sorte que si
le prix a été employé à améliorer les immeubles communs, la
quotité de la récompense sera déterminée non point par la plus-
value procurée à ces immeubles, mais par la somme dépensée.

---

[1] *Traité de la communauté,* nos 140 et 146, *in fine.*

Or, pourrait-on dire, ce qui est vrai lorsque la communauté est débitrice doit l'être par réciprocité lorsqu'elle est créancière. —Débitrice, elle serait tenue de toute la somme dépensée ; créancière, c'est également cette somme qu'elle doit pouvoir réclamer.

17. L'argument est à coup sûr spécieux et de nature à ébranler. Cependant si l'on y regarde de près, bien loin de contredire, il confirme notre doctrine.

En effet, pourquoi, lorsque la récompense est due à la communauté, doit-elle se limiter à la plus-value procurée à l'immeuble de l'époux? C'est, avons-nous dit, parce que le conjoint n'a reçu de la communauté que cette plus-value; parce que c'est la seule valeur transmise d'un patrimoine à l'autre, le seul objet de la donation qu'il s'agit de prévenir. Et d'un autre côté, pourquoi l'époux n'est-il ainsi censé avoir reçu de la communauté que le montant de la plus-value? Parce que toute opération faite durant le mariage est pour le compte de la communauté, et que par suite celle-ci doit supporter la perte résultant de la confection des travaux.

Or ces deux motifs, dans l'hypothèse de l'article 1436, lorsque la communauté a fait des travaux sur ses immeubles avec le prix de propres aliénés, conduisent à une solution diamétralement opposée.

La valeur transmise d'un patrimoine à l'autre est le coût entier des travaux, car toute somme d'argent propre à l'un des époux, étant soumise au quasi-usufruit de la communauté, tombe par là même dans le fonds commun.

Et d'autre part, la communauté devant supporter les conséquences de toutes les opérations faites pendant sa durée, il est naturel qu'elle perde la différence entre le prix reçu et la plus-value procurée à son immeuble.

Paris. — Impr. F. Pichon. — A. Cotillon et Cie, 37, rue des Feuillantines, et 24, rue Soufflot.

www.ingramcontent.com/pod-product-compliance
Lightning Source LLC
Chambersburg PA
CBHW050358210326
41520CB00020B/6365